Album de L'Amateur de Timbres-Postes

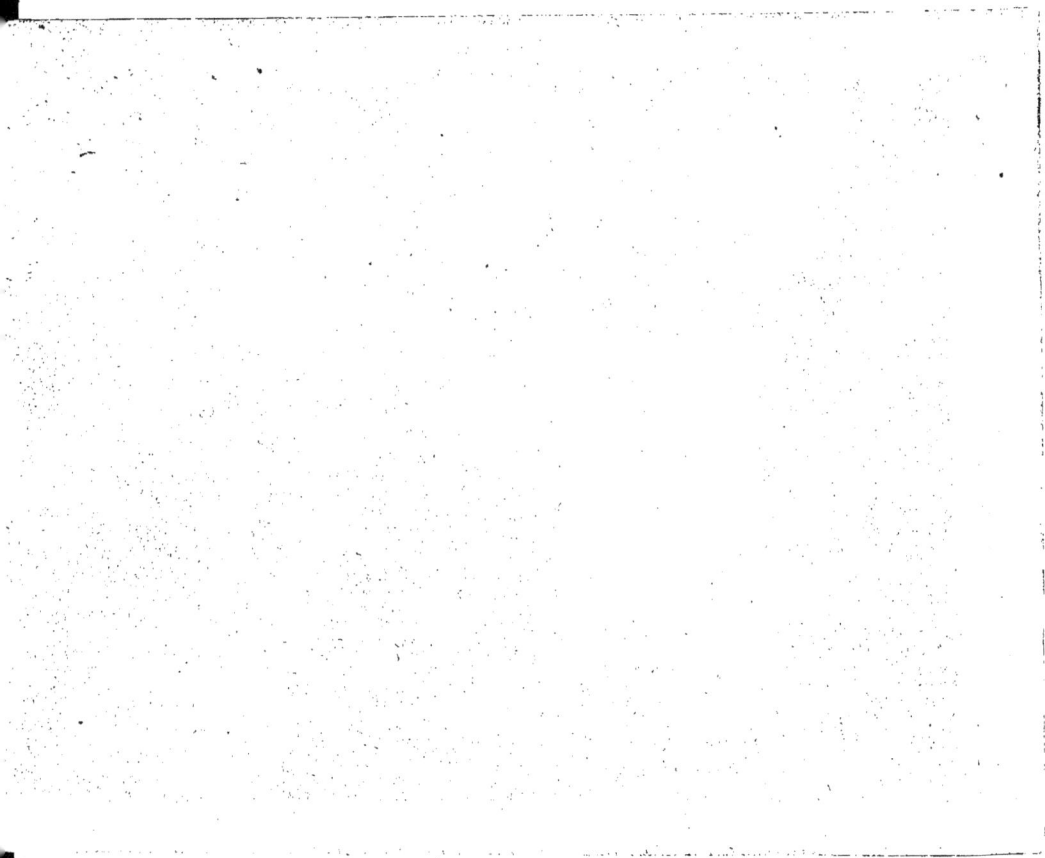

18240

Album de L'Amateur de Timbres - Postes

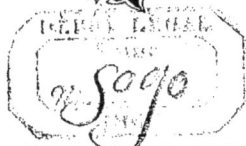

PARIS.

TRIPON, FABRICANT D'ALBUMS PHOTOGRAPHIQUES

27. Quai des Grands Augustins. 27.

Lith. Fruillery Paris 4 planes. 1869

Autriche (Empire d') 39.000.000 habitants.
Ville principale Vienne.

Provinces Allemandes
R.me Lombard-Vénitien et Postes du Levant.

1ère Émission Aigle Carré 1 Kr.	2 Kr.	3 Kr.	6 Kr.	9 Kr.
2ème Émission Tête à gauche Carré 2 Kr.	3 Kr. Vert	3 Kr. Noir	5 Kr.	10. Kr.

15. Kr.	3ème Emission Tête à droite Ovale 2 Kr.	3 Kr.	5 Kr.	10 Kr.
15 Kr.	4ème Emission Aigle Ovale 2 Kr.	3 Kr.	5. Kr	10 Kr.
15 Kr.	5ème Emission Tête à droite rectangulaire 2 Kr.	3. Kr	5 Kr	10 Kr.

15 Ka.	25 Ka.	Lettres Chargées Grands timbres 25 Ka.	50 Ka.	Enveloppes 1re Emission Tête Ovale 3 Ka
5 Ka.	10 Ka.	15 Ka.	20 Ka.	25 Ka.
30 Ka.	35 Ka.	2me Emission Aigle Ovale 3 Ka.	5 Ka.	10 Ka.

15. Kr.	25. Kr.	3ème Emission Tête à droite rectangulaire 3 Kr.	5. Kr.	10. Kr.
15 Kr.	25 Kr.	Affranchissement des Journaux Tête de Mercure, Carré Bleu.	Jaune.	Rose.
Tête à gauche rectangulaire Bleu	Lilas	Tête à droite rectangulaire Lilas.	Aigle Octogone Lilas	Tête de Mercure Carré Lilas.

Lombardo Vénitie & 1ère Emission. Aigle Carré 5 Cents	10. Cent.ᵉ	15 Cent.ᵉ	30 Cent.ᵉ	45 Cent.ᵉ
2ème Emission. Tête à gauche rectangulaire 2 Soldi	3 Soldi Vert	3 Soldi Noir	5. Soldi	10. Soldi
15. Soldi	3ème Emission Tête à droite Ovale 2 Soldi	3 Soldi	5. Soldi	10. Soldi.

15. Soldi	4ème Emission Ongle Ovale. 2 Soldi	3 Soldi	5 Soldi	10 Soldi
15. Soldi	5ème Emission Tête à droite rectangulaire. 2. Soldi	3 Soldi	5 Soldi	10 Soldi
2 Soldi	5 Soldi	Lettres chargées 25. Soldi roses.	25 Soldi chair.	50 Soldi.

Enveloppes 1ère Emission Tête Ovale 3 Soldi	5. Soldi	10. Soldi	15. Soldi	20 Soldi
25 Soldi	30 Soldi	35 Soldi	2ème Emission Aigle Ovale 2 Soldi	3 Soldi
5 Soldi	10 Soldi	15. Soldi	25. Soldi	3ème Emission Tête rectangulaire 2 Soldi

3 . Soldi	5 Soldi	10 Soldi	15 Soldi	25 Soldi
Timbres d'Affranchissement de Journaux Carré Aigle 1 Kr. Bleu	1 Kr. Noir	2 Kr. Rouge	2 Kr. Brun	2 Kr. Vert
4 Kr. Brun	4 Kr. Rouge			

Bade (G^d Duché de) 1.400.000 habitants.
Ville principale Carlsruhe.

1ère Émission Grand Chiffre Carré. 1 Kr. Chamois.	3 Kr. Jaune	6 Kr. Vert.	9 Kr. Rose	2ème Émission mêmes timbres. 1 Kr. Blanc.
3 Kr. Vert	3 Kr. Bleu	6 Kr. Jaune	3ème Émission Armoiries, fond noir Carré 1 Kr. Noir	3 Kr. Bleu.

6 Kr. Jaune	6 Kr. Bleu	9 Kr. Rose	9 Kr. Bistre	4ème Emission mêmes timbres Fond Blanc 1 Kr. Noir
3 Kr. Rose	6 Kr. Bleu	9 Kr. Bistre	18 Kr. vert	30 Kr. Orange
Enveloppes 1ère Emission Tête Ovale 3 Kr. Bleu	6 Kr. Jaune	9 Kr. Rose	12 Kr. Bistre	18 Kr. Brun rouge

2ème Emission. même type 3 Kr. Rose	6 Kr. Bleu.	9 Kr. Bistre.	Chiffre Taxe. Gd. Chiffre 1 Kr.	3 Kr.
12 Kr.	Timbres emission 1869 annivies 1 K valeur engrosse lettres.			

Bavière (Royaume de) 4.600.000 habitants.
Ville principale Munich.

1ère Emission Grand Chiffre Carré 1 Kr. Noir	2ième Emission même type 1 Kr. Rose	3 Kr. Bleu	6 Kr. Brun	9 Kr. Vert
12 Kr. Rouge vif	18 Kr. Orange	3ième Emission même type 1 Kr. Orange	3 Kr. Rose	6 Kr. Bleu

9 Kr. Bistre	12. Kr. Vert	18. Kr. Rouge	4ème Emission Armoiries Rectangulaire 1 Kr. Vert	3. Kr. Rose.
6 Kr. Bleu	9 Kr. Bistre	12. Kr. Lilas	18 Kr. Rouge	Chiffre-Taxe 3. Kr. Noir.

Belgique (Royaume de) 4.300.000 habitants.
Ville principale Bruxelles.

1ère Emission Buste du Roi Léopold sans Encadrement. 10. Cent?.	20. Cent?.	2ème Emission même portrait dans un Ovale. 1 Cent?	10. Cent?.	20. Cent?.
40 Cent?.	3ème Emission Armoiries. 1 Cent	2 Cent?	5 Cent?	Tête de Léopold de profil 10 Cent?.

20°	30°	40°	1 Fr.	

Bergedorf (Ville libre de)

(près de Hambourg sur Elbe).

Armoiries carré 1/2. sch	1 Sch.	1 1/2 Sch.	3 Sch.	4 Sch.

Brême (Ville libre de) 90.000 habitants.
(Allemagne du Nord) y compris son territoire :

Armoiries rectangulaires 2. grote	3. gr.	5. gr	7. gr.	10. gr
5. Silbergroschen	Enveloppes Ovale Noir sur bleu	Noir sur blanc.		

Brunswick (Duché de) 275.000 habitants.

Ville principale Brunswick.

1ère Émission Armoiries (Cheval) papier blanc oblong 1 Silbergr Rose	2 Silb. Bleu	3 Silb. Vermillon	1/4 Silb. Brun papier de Couleur	1 1/4 Silb. Brun papier de Couleur Carré.
2ème Émission même type papier de Couleur 1/3 Silb. Blanc	1/2 Silb. Vert	1 Silb. Jaune	2 Silb. Bleu	3 Silb. Rose.

3ème Emission même type papier Blanc 1 Silb . Jaune .	3. Silb . Rose	4ème Emission Ovale ½ Silb . Noir	1 Silb . Rose	2 Silb . Bleu
3. Silb . Rose .	Enveloppen 1ère Emission Grand Ovale (Cheval au galop) 1 Silb . Jaune .	2 Silb . Bleu	3 Silb . Rose	Enveloppes pour la Ville de Brunswick Timbre rond Rouge sur blanc
Rouge sur Jaune .	Rouge sur Bleu .	2ème Emission Petit Ovale 1 Silb . Rose .	2 Silb . Bleu	3 Silb . Bistre .

Confédération Germanique (Nord).

(Les postes Prussiennes font maintenant le service, précédemment exécuté par le Prince de la Tour et Taxis.)

1ère Emission. Grand Chiffre Carré papier de Couleur 1/4 Silb. Brun.	1/3 Silb. Chair	1/2 Silb. Vert d'Eau	1 Silb. Bleu	2 Silb. Rose
3 Silb. Jaune	2ème Emission même type papier blanc 1/4 Silb. Rouge orange	1/2 Silb. Vert	1 Silb. Vert	2 Silb. Rose

			3ème Émission même type papier blanc 1/2 Silb. Noir	1/3 Silb. Vert
3 Silb. Rouge brun	5 Silb. Lilas	10 Silb. Vermillon		
1/2 Silb. Orangé	1 Silb. Rose	2 Silb. Bleu	3 Silb. Bistre	Enveloppes Grand Chiffre Ovale 1/4 Silb. Noir.
1/2 Silb. Orangé	1 Silb. Rose	2 Silb. Brun	3 Silb. Bistre	

Confédération Germanique (Sud).

même service que pour la Confédération des Etats du Nord.

1ère Emission Grand Chiffre papier de Couleur 1 Kr. Vert-d'Eau	3 Kr. Bleu	6 Kr. Rose	9 Kr. Jaune	2ème Emission même type papier blanc 1 Kr. Vert.
3 Kr. Bleu	6 Kr. Rose	9 Kr. Jaune	15 Kr. Lilas	30 Kr. Vermillon

3ème Emission même type papier blanc 3 Kr. Rose	6 Kr. Bleu	9. Kr. Bistre	Enveloppes Grand Chiffre Octogone 1 Kr. Vert.	2 Kr. Jaune.
3 Kr. Rose	6 Kr. Bleu	9. Kr. Bistre.		

Confédération de l'Allemagne du Nord.

Grand Chiffre rectang. 1/4. Sgr. Violet	1/3 Sgr. Vert	1/2 Sgr. Vermillon	1 Sgr. Rose	2. Sgr. Bleu
5. Sgr	10. Sgr.	1 Kr.	3. Kr.	7 Kr.

18. К.	30 К.			

Danemark (Royaume de) 2.400.000 habit:
et Duchés de Schleswig - Holstein et de Holstein.
Ville principale : Copenhague.

Les Duchés de Schleswig, Holstein et de Holstein, font partie de la
Confédération de l'Allemagne du Nord.

1ère Émission. Ville de Copenhague. Carré Chiffre au milieu 2 rigsb. SK. Bleu	Provinces. Carré Couronne et épées 4 rigsb. SK. Brun	2ème Émission. Carré. Couronne et Épées fond sablé 2 SK. Bleu.	4 SK. Brun	8 SK. Vert
16 SK.	mêmes timbres fond ondulé 4 SK. Brun	8 SK. Vert	3ème Émission. Couronne dans un Ovale rectangulaire 2 SK. Bleu	3 SK. Lilas.

4 sk. Rouge	16 sk. Grün	Enveloppes même type 2 sk. Bleu	4 sk. Rouge.	
Schleswig-Holstein Armoiries rectangulaire 1 sch. Bleu	2 sch. Rose	Chiffre Ovale ½ sch. Rose.	1¼ sch. Vert	1⅓ sch. Lilas
2 sch. Bleu	4 sch. Bistre	Schleswig Chiffre Ovale ½ sch. Vert	1¼ sch. Lilas	1¼ sch. Vert.

Schleswig.				
1 1/3 Rouge	2. Sch. Bleu.	4. Sch. Rose	4 Sch. Bistre.	
Holstein Valeur dans un Cercle carré 1 1/4 Sch. Bleu	Valeur dans un cercle: carré 1 1/4 Rose et Bleu	Grands Chiffres Ovale 1/2 Sch. Vert	1 1/4 Sch. Lilas	1 1/3 Sch. Rouge.
3 Sch. Bleu.	4 Sch. Bistre.			

28.

Deux Siciles (Royaume des)
Naples et Sicile.
Ville principale Naples.
(actuellement provinces Italiennes.)

Naples. Armoiries rectangulaire ½ gr. Rose	1 gr. Rose	2 gr. Rose	5 gr. Rose	10 gr. Rose
20 gr. Rose	50 gr. Rose	Gouvernement provisoire Armoiries ½ tornese Bleu	Croix de Savoie ½ tornese Bleu	Gouvernement provisoire Tête de Victor Emmanuel rectangulaire ½ tornese Vert

1/2 gr. Bistre.	1 Gr. Noir	2 gr. Bleu	5 gr. Rouge	5 gr. Lilas
10 gr. Jaune.	20 gr. Citron.	50 gr. Gris perle.	Sicile Effigie de Ferdinand rectangul. 1/2 gr. Jaune.	1 gr. Brun.
2 gr. Bleu.	5 gr. Rouge	10 gr. Indigo	20 gr. Violet Noir	50 gr. Brun Rouge.

Espagne (Royaume d') 17.000.000 habitᵗˢ

Ville principale . Madrid .

Date 1850 Tête de la Reine rectangul. 6. Cuartos.	12 . C.	5 Réales	6 Réales	10 Réales
1851 Tête de la Reine 6 Cuartos	12 . C.	2. Réales	5 Réales	6 Réales

10 Réales	(1852) Tête de la Reine 6. Cuartos	12 . C .	2. Réales	5 Réales
6 Réales .	1853. Tête de la Reine 6 Cuartos .	12 . c	2. Réales	5. Réales
6. Réales .	1853 Sans date Ours montant à un arbre (Armes de Madrid) 1 Cuarto. Bronze.	3 C. Bronze .	1854 Armes 2 Cuartos	1854 Date Armes 4 Cuartos .

(1854.) 6 Cuartos.	1 Réal	2. Réal	5. Réal	6 Réal.
1855 Sans date tête rect. papier bleuté à boucles. 2 Cuartos. Vert	6. Cuartos. Rouge	1 Réal. Bleu	2 Réal. Violet	1856 Sans date tête rectang. papier Vergé à losanges 2 Cuartos. Vert.
4 Cuartos. Rouge	1 Réal. Bleu	2 Réal. Violet	1857 Sans date tête rect. papier Blanc uni 2 Cuartos. Vert.	4 Cuartos. Rouge.

12 c. Orange.	1 Réal. Bleu.	2 Réal. Violet	1860 sans date tête rectangul. 2 C. Vert	4. C. Jaune.
12 c. Rouge	19 C. Brun Clair	1 Réal. Bleu.	2 Réal. Violet	1862 sans date tête rectangul. 2. Cuartos Vert sur Jaune.
4 C. Brun sur Clair.	12 c. Bleu sur Rose.	19 c. Rose sur Bleuté	1. Réal Brun sur paille.	2. Réal. Vert sur Rose.

(1864) Date tête rectangul. 2 c. Bleu sur Violet	4 c. Rouge sur Orange.	12 c. Vert sur Rosé	19 c. Lilas sur Rosé	1 Réal. Brun sur Vert.
2 R. Bleu sur Rosé	(1865) Sans Daté rectang. 2 c. Rosé.	4 c. Bleu	12 c. Bleu milieu rouge.	19 c. Brun milieu rouge.
1 Réal. Vert.	2 Réal. Rouge.	(1866) Sans Date tête rectangul. 2 c. Rosé.	40 c. Bleu	12 c. Vermillon.

19 c. Brun	10 Cem. de Escudo Violet	20 cem de Escudo Vert	1866 daté 20 cem. de Escudo Lilas.	1867 Sans date tête rect. 2 c. Brun.
4 c. Bleu	12 c. Jaune	19 c. Rose	10 Cem. de Escudo Vert	20 Cem. de Escudo Lilas.
Timbres pour Journaux 1867. Sans date Grand chiffre rect. 5 mill. de Escudo.	10 mill de Escudo	Carré official (1854) Armoiries 1/2 Onza Jaune.	1 Onza Rose	4 Onza Vert.

1 Libra Bleu Clair	Correo Official (1855) Sans date Armoiries ½ Onza. Jaune.	1 Onza Rose	4 Onza Vert	1 Libra Bleu.
1868 Sans date 25 mill. de Escudo	50 mill. de Escudo	100 mill. de Escudo	200 mill. de Escudo.	

États Romains (1.000.000 habitants).

Ville principale Rome.

1ère Émission Armes différentes formes 1/2 baj. Violet	1 baj. Vert	2 baj. Vert	3 baj. Brun.	4 baj. Jaune.
5 baj. Rose	6 baj. Gris	7 baj. Bleu.	8 baj. Blanc	50 baj. Bleu.

1 Cent. Rose.	2ème Emission Armes differentes formes. 2. Cent Vert	3. Cent Violet	5 Cent.	10 Cent.
20. Cent.	40. Cent.	80. Cent.		

France (Empire de) 37.500.000 habit.ts
et Colonies Françaises.
Ville principale Paris.

1ère Emission. République Tête de la Liberté rectang. 10. Cent.	15 Cent.	20 Cent.	25 Cent.	40 Cent.
1 fr. Carmin	1 fr. Rouge Orange	2ème Emission Présidence Tête de Napoléon, Président 10 Cent.	25 Cent.	3ème Emission Empire Tête de Napoléon III. Empereur 1 Cent.

5 Cent—	10 Cent—	20 Cent—	40 Cent—	80 Cent—.
1 Franc	4ème Emission Tête de l'Empereur Couronne de Lauriers 1 Cent.	2. Cent—	4 Cent—	5 Cent—
10 Cent—	20 Cent—	30 Cent—	40 Cent.	80 Cent.

Colonies. Aigle Carré 1 . c.	5 . c.	10 . c	20 . c.	40. c.
80. c.	Ile de la réunion dessin typographique. 15 . c.	30 . c.	Nouvelle Calédonie Tête de l'Empereur Lithographiée rectangulaire. 10 . c.	
Chiffres Taxe 10 c . à percevoir Lithographiée Noir.	10 . c . Typographiée Noir.	15 c . Typographiée		

Grande Bretagne (Royaume de la) 29.000.000 hab^{ts}

Angleterre, Ecosse; Irlande, Iles de la Manche
Ville principale Londres.

1ère Emission Tête de la Reine reet. Lettres VR. en haut 1 penny. Noir.	2ème Emission Tête de la Reine rectang. fleurons en haut 1 penny. Noir.	1 penny. Rouge papier blanc.	1 penny. Rouge papier Bleu	1 penny. Blanc papier Blanc sans ligne Blanche.
3ème Emission 1 penny. Rouge Lettres aux 4 angles	2 p. Bleu.	Effigie en relief. Octogonea 6 p. Violet	10 p. Brun.	1 Sch. Vert.

4ème Emission. Effigie de la Reine rect. papier glacé Sans lettres aux Coins 4 p. Rose	4 p. Rose. Papier bleuté	6 p. Violet	1 Sh. Vert	5ème Emission mêmes timbres petites lettres aux coins. 3 p. Rose.
4 p. Vermillon	6 p. Violet	9 p. Bistre.	1 Sh. Vert	6ème Emission mêmes timbres grandes lettres aux coins. 3 p. Rose.
4 p. Rouge Vif	6 p. Violet Vif.	9 p. Bistre.	10 p. Rouge Brun	1 Sch. Vert.

		Enveloppes Effigie en relief de la Reine Fils de soie dans le papier Ovale 1 p. Rose.		même type sans fils et avec millésime 1 p. Rose ovale :
2. ob. Violet	5 ob. Rose :		2 p. Bleu.	
2 p. Bleu Ovale	3 p. Rose trilobée	4 p. Vermillon rond	6 p. Violet Octogone	1 sb. Vert Octogone

Enveloppes
à Vignettes.
Emises en 1840
Gravées
par Mulready.
1 Penny. Noir.

46.

Même type
2. Penny. Bleu.

Grèce (Royaume de)

(Ville principale Athènes.)

Tête de mercure rectangulaire 1 Lepton . Brun.	2 Lept. Bistre	5 Lept . Vert	10 L. Jaune sur bleuté	20 L. Bleu
40. Violet sur bleu	80. rose foncé			

Hambourg (Ville libre de) 200.000 hab.ts compris son territoire e.t
(Allemagne du Nord)

Armen Zwei Tonne Schilling ½ Schilling Twir	4 Sch. Brun	1 ½ Sch. Violet	2 Sch. Rouge	2 ½ Sch. Vert
3 Sch. Bleu	4 Sch. Vert	Sch. Orange	Sch. Violet	9 Sch. Jaune Citron

Armoiries Gauffrées en relief Octogone. 1¾ Sch. Lilas.	1½ Sch. Rouge	Enveloppes même type. 1½ Sch. Noir.	1¾ Sch. Lilas.	1½ Sch. Rouge.
2 Sch. Vermillon	3 Sch. Bleu.	4 Sch. Vert	7 Sch. Violet.	

Hanovre (Royaume de) 1.850.000 hab.ts
(Ville principale Hanovre)
Actuellement Province Prussienne.

1ère Emission Armoiries (Valeur au Centre) papier de couleur 1 groschen Bleu.	2ème Emission même type papier blanc 1 gr. Vert.
1 gr. Vert	1/30e th. Rouge.
1/30e thaler Rouge	1/15e th. Bleu
1/15e th. Bleu	1/10e th. Jaune
1/10e th. Jaune	Chiffre dans un Ovale Treillis Noir — 3 Pennige Rouge.

3ème Emission tête papier blanc rectang. 1 gr. Rose.	2 gr. Bleu	3 gr. Jaune	3 gr. Gris brun	10 gr. Vert
Chiffre dans un ovale 3 pf. Rose.	3 pf. Vert	Cor de Chasse ½ gr. Noir.	Cheval galopant rond Vert	Trèfle rond Vert.
Enveloppes 1ère Emission Tête en relief Chiffre au bas 1 guteng. Vert	1 Silberg Rose	2 Silb. Bleu	3 Silb. Jaune	Enveloppes 2ème Emission Chiffre de chaque coté 1 gr rose

2 gr. Bleu	3 gr. Bistre	Bostella eld feci à la main. Au bas d'une grande enveloppe jaune à dessins noirs.		

Heligoland Malte (Colonies Anglaises) et Iles Ioniennes (à l'époque du protectorat Anglais).

Heligoland est dans la mer du Nord. 4.000 habit.- Les Iles Ioniennes (environ 300.000) hab. Ville principale Corfou, sont maintenant réunies à la Grèce - Malte 70.000 hab. v.p la Valette.

Héligoland Tête de la Reine en relief. rect. 1/2 . sch.	1 . sch.	2 . sch.	6 sch.	Malte Tête de la Reine rect. 1/2 penny.

Îles Ioniennes Tête de la Reine rectang. Jaune.	-Bleu	Rouge.		

Italie (Royaume d') 21.800.000 hab.ts

jusqu'en 1860 les timbres servaient pour le Royaume de Sardaigne seul.

(Ville principale Florence.)

1ère Emission Tête papier blanc Lithographié 5 c. Noir.	20 c. Bleu	40 c. Rouge.	2ème Emission Tête Papier de Couleur Gauffrée 5 c. Vert	20 c. Bleu.

40 c. Rose	3ème Emission. Tête milieu blanc, gauffré. Légendes gauffrées couleur 5 c. Vers.	20 c. Bleu	40 c. Rouge	4e Emission Tête Gauffrée Légendes en blanc 5 c. Vers.
10 c. Bistre	15 c. Bleu	20 c. Bleu.	40 c. rouge	80 c. Jaune
3 livre. Bronze	Même Type Lithographié 15 c. Bleu.	5ème Emission. Tête dans un Ovale Papier. glacé 5 c. Vers.	10 c. Bistre.	15 c. Bleu.

20 c. Bleu (Timbre de 15 c avec Surcharge)	30 c. Brun	40 c. Rouge	60 c. Lilas tendre	2 lire. Vermillon.
Tête dans un Carré papier glacé 20 c. Brun	Chiffre dans signe basso Chiffre au milieu 40 c. Jaune.	40 c. Orange	Journaux (Giornali) Chiffre au milieu en relief. 1 c. Noir	2 c. Noir.
2 c. Brun clair	Giornali Chiffre au milieu pap. glacé 1 c. Vert.	2 c. Brun rouge.		

Lubeck (Ville libre) 30.000 habit.ᵗˢ
(Allemagne du Nord.)

1ère Emission Armes (Aigle) Lithograp.ᵘ rect. ½ Sch. Violet	1 Sch. Orange	2 Sch. Brun	2 Sch ½. Rose	4 Sch. Vert
2ème Emission Ovale Aigle, Lithograp. 1 ¼ Sch. Brun	Même type en relief ½ Sch. Vert	1 Sch. Vermillon	2 Sch. rouge	2 ½ Sch. Bleu.

4 Sch. Bistre	Enveloppen Octogone relief 1 1/4 Sch. Violet	Aigle Ovale relief 1/2 Sch. Vert	1 Sch. Vermillon.	2 Sch. Rouge.
2 1/2. Bleu	4 Sch. Bistre	Timbre Octogone relief 1 1/4 Sch. Violet		

Luxembourg (G.ᵈᵉ Duché de) 200.000 hab.ᵗˢ

Gouverné par le roi de Hollande.
(Ville principale Luxembourg.)

1ère Emission Tête du Roi Guillaume III de Hollande 10 cent. Noir	1 Silberg. Rouge.	2ème Emission Armes rectangulaire 1 c. Brun Clair	1 c. Brun foncé	2. c. Noir.
4 c. Jaune	10 c. Bleu	10. Violet	12 c ½ Rose	25 c. Brun.

25 c. Bleu	30. c. Violet	37½ c. Vert	37½ Brun Clair	40 c. Vermillon

Mecklembourg Schwerin (Grand Duché de) 500.000 habit.ᵗˢ

Villes principales Schwerin et Rostock.

1ʳᵉ Emission. Armoiries (Tête de Boeuf) 4 petits timbres fond sablé 4/4 Sch. Rouge.	Armoiries tête de boeuf grand timbre 3 Sch. Jaune orange.	5 Sch. Bleu	2ᵉᵐᵉ Emission 4 petits timbres fond Blanc.	Armoirie tête de boeuf Grand timbre. 2 Sch. Violet.

5.sch. Bleu	Enveloppes Armoiries en relief Ovale 1.sch. Rouge.	1 ½.sch. Vert.	2.sch. Violet	5.sch. Bleu.
5.sch. Bistre.				

(5).

Mecklembourg Strélitz (G.ᵈᵉ Duché de) 100.000 hab.ᵗˢ

Ville principale Neustrelitz.

Armoiries relief recting. ¼ Silb. Vermillon.	½ Sch. Vert.	1 Sch. Violet.	Octogone. 1 Silb. Rose	2 Silb. Bleu.
3. Silb. Bistre.	Enveloppes même types. Octogone. 1 Silb. Rose.	2 Silb. Bleu.	3 Silb. Bistre.	

Modéne (Duché de.)
Ville principale Modéne.
Actuellement Province Italienne.

Aigle rectang. 5 cent. Vert.	9 c. Violet	10 c. Violet	10 c. Rose	15 c. Jaune.
25 c. Chair.	40 c. Bleu.	1 Lira Blanc	Tassa Gazette rond. 10 c. Blanc.	Croix de Savoie. (Gouv.t provisoire) tête. 5 c. Vert.

15 c . Brun	20 c . Lilas	40 c . Rose	80 c . Jaune ocre.	
Moldo - Valachie . 4.350.000 habitᵗⁿ *Principautés* ᵈᵘ *Danubiennes.* *actuellement* *Roumanie* *Ville principale* *Buckarest* .				
1ère Emission Tête de Bœuf rond 54 paras. Vert	81. p. Bleu .	108 . p. Rose .	2ème Emission Tête de Bœuf rectang . 40p. Bleu .	80 p. Rouge .

Journaux (Gazette) 5 p. Noir.	3ème Emission Tête de Boeuf et Aigle rect. pour couper 3 p. Jaune	3 p. Citron	6. p. Rose	30 p. Bleu
4ème Emission Tête du prince Couza rectang. 2 p. Jaune.	2 p. Orange	5 p. Bleu	20 p. Rouge	5ème Emission Tête du Prince Ch. d'Hohenzollern rectang 2 p. Jaune.
5 paras. Bleu	20 p. Rouge	6ème Emission même type 2. Bani	4 Bani	18. Bani

Oldenbourg (Grand Duché de) 280.000 habᵗˢ

Ville principale Oldenbourg.

1ère Emission Armes Valeur au Centre Carré papier de Couleur ⅓ Silb. Vert.	¹⁄₃₀ᵉ Thaler Bleu.	¹⁄₁₅ᵉ th. Rose	¹⁄₁₀ᵉ th. Jaune	2ème Emission Armes Valeur de chaque côté rectang. papier de couleur ⅓ groschen. Vert.
1 gr. Bleu.	2 gr. Rose.	3 gr. Jaune.	3ème Emission même type papier blanc ⅓ groschen. Ocre.	⅓ gr. Vert.

½ gr. Brun rouge.	1 gr. Bleu	2 gr. Rouge-brique.	3 gr. Jaune Citron	4ème Emission Armée. Ovale ⅓ gr. Vert—
½ gr. Vermillon	1 gr. Rose	2 gr. Bleu.	3 gr. Bistre	Enveloppes 1ère Emissions. Ovale Armée. ½ gr. Brun.
1 gr. Bleu.	2 gr. Rose	3 gr. Jaune d'Or.	2ème Emission même type ½ gr. Vermillon.	1 gr. Rose.

2gr. Bleu	3gr. Bistre			

Parme (Duché de)
Ville principale Parme.
Actuellemem Province Italienne.

1ère Emission Armes rectang. pap. Blanc 5cent Jaune	15c. Vermillon	25 c. Brun	2ème Emission même type papier de couleur 5c. Jaune	10 c Blanc.

15, c. Rose	25 c. Violet foncé	40 c. Bleu	3ème Emission petites armes — red papier blanc 15 c. Vermillon.	25 c. Brun.
40 c. Bleu	Gouv.t Provisoire Valeur au Centre Octogone papier blanc 5 c. Vert.	10 c. Brun	20 c. Bleu	40 c. Vermillon.
80 c. Jaune ocre	Journaux même type papier de Couleur 6 c. Rose.	9 c. Bleu.		

69

Pays-Bas (Royaume des) 4.000.000 hab.ᵗˢ
(Ville principale La Haye).

1ᵉʳᵉ Emission. Tête de Guillaume III dans un ovale rectang. 5 cent. Bleu.	10 c. Rouge.	15 c. Orange foncé	2ᵐᵉ Emission Tête un peu plus grande rect. dentelé. 5 c. Bleu.	10 c. Orange.
15 c. Orange.	3ᵉᵐᵉ Emission Tête dans un Carré 5 c. Bleu.	10 c. Rouge	15 c. Brun.	20 c. Vert foncé.

25. c. Violet	50 c. Bronze	Timbres pour Nouveaux Armorial. 1 c.	2. c.	
Portugal (Royaume de) 3.500.000 hab^ts (compris les colonies.) Ville principale Lisbonne.				
1ère Emission Tête de Dona Maria en relief 5 reis. Brun.	25 reis. Bleu	50 reis. Vert	100 reis Lilas	2ème Emission Tête de Don Pedro, à droite en relief 5 reis Brun.

25. r. Bleu	25. r. Rose	50. r. Vert	100 r. Lilas	3ème Emission Tête de Don Luiz à gauche. 5 reis brun
10 r. Orange	25 r. Rose	50 r. Vert	100 reis Lilas	4ème Emission Tête plus petite. 5 r. Noir.
10. r. Orange	20 r. Brun Verdâtre	25 r. Rose.	50 r. Vert	80 r. Vermillon.

100 x. Violet	120 x. Bleu.	Il existe deux séries de ces timbres portant frappé en noir Azores et Madère		

Prusse (Royaume de) avant 1866. 17.000.000 hab.ts

actuellement avec ses annexions 39.000.000 hab.ts

Ville principale Berlin.

1ière Émission. Tête de Guillaume III papier teinté 4 pfennige Bru—	½ Silb. (6pf.) Vermillon	Même type papier de couleur 1 Silb. Rouge.	2 Silb. Bleu.	3 Silb. Jaune.

2ème Emission. même type. papier blanc, fond uni. 1 Silb. Rose.	2. Silb. Bleu	3 Silb. Jaune	3ème Emission même type papier blanc fond gravé 4 p. f. Vert.	½ Silb (6 pf.) Vermillon.
1 Silb. Rose.	2 Silb. Bleu	3 Silb. Jaune.	4ème Emission. aigle Octogones. 3 pf. Violet.	4 pf. Vert.
6 pf. Vermillon	Ovales 1 Silb. Rose	2 Silb. Bleu	3 Silb. Bistre	5ème Emission aigle rectangle à panne coupés 1 Kr. Vert.

3 Kr. Rose	6 Kr. Bleu	9 Kr. Biôtre	Lettres chargées grand Chiffre. Oblong 10 Silb. Rose	30 Silb. bleu
Enveloppea 1ère Emission Tête Ovales. 1 Silb. Rose	2 Silb. Bleu	3 Silb. Jaune	Octogonea 4 Silb. Brun	5 Silb. Lilas
6 Silb. Vert	7 Silb. Vermillon	2ème Emission Ovalea. 1 Silb. Rose	2 Silb. Bleu	3 Silb. Biôtre

3ème Emission Aigle rect. à pans coupés 1 Kr. Vert	3 Kr. Rose	6 Kr. Bleu	9 Kr. Bistre	

Russie (Empire de) 62.000.000 hab.^{ts}

Russie, – Finlande – Livonie – Pologne.

Villes principale Pétersbourg. (Russie) Åbo (Finlande) Varsovie (Pologne).

Russie Aigle rectang. 10. Kopeck Brun et Bleu	20 Kopeck Bleu et Orange.	30 K. Rose et Vert	Ville de Pétersbourg Chiffre au milieu rect. 5 Kr. Bleu et Noir	Journaux Aigle 1 K. Jaune.

3. K. Vert	5. K. Violet	Navigation de la Mer Noire (Bateau) 3 piastres Bleu	20 p. Rouge	Enveloppes Aigle en relief 5 Kop. Bleu
Aigle en relief 10 K. Noir.	20. K. Bleu	30. K. Rose.		
Finlande. Armes (Lion) rect. 5 Kop. Bleu	10 K. Rose	2ème Emission même Type 1 mark. Brun sur Blanc	5 penni Brun sur Violet	8 p. Noir sur Vert.

			Helsingfors Ovale	Tammerfors Ovale
10 p. Noir sur Chamois	20 p. Bleu sur blouté	40 p. Rouge sur Rosé	10 p. rouge en Vert	12 p. Bleu et Vert.
Enveloppes 1ère Emission Ovale en hauteur. 10 Kop. Rouge.	20 Kop. Bleu Noir	2ème Emission Ovale en largeur 5 Kop. Rose.	10 Kop. Bleu	20 Kop. Bleu Noir.
3ème Emission. rectang. 5 Kop. Bleu	10 Kop. Rose.			

Livonie. oblong Inscription. Noir et Rose!	Noir et Vert	Rectangulaire. milieu Vert - uni Rouge et Vert	Dragon au milieu Rouge et Vert	
Pologne. Armes rectang 10 Kop. Bleu et Rose?	Enveloppes Varsovies rond 3 K. Bleu	10 Kop. Noir	Armes sans valeur. Timbre rond frappé à la main rouge	Armes plus grandes.
Compagnie Orientale de Navigation à vapeur Grand Chiffre 4 kop. brun	3 Kop. Vert	5 Kop. Bleu	10 Kop. Vert et Rose	

Saxe (Royaume de) 2.250.000 hab.ts
Ville principale Dresde.

1ère Emission Grand Chiffre papier blanc 3 p. fennige. Rose.	Tête à droite papier de Couleur ½ neugroschen Gris	1 neugr. Rose	2 neugr. Bleu	3 neug. eRose.
2ième Emission. Armes papier blanc 3 pf. Vert	Tête à gauche papier de couleur ½ neug. Gris.	1 neng. Rose.	2. neug. Bleu	3 neug. Rose.

Même type papier blanc 5 neug. Rouge	1c neug. Bleu clair	3ème Emission Armes en relief rectang. 3 pf. Vert	½ neug. Vermillon	Même type Ovale à Côtes 1 neug. rose
2 neug. Bleu	3 neug. Bistre	5 neug. Violet	Enveloppes 1ère Emission. Tête Ovale 1 neug. Rose	2 neug. Bleu
3 neug. Jaune	5 neug. Violet	10 neug. Vert	2me Emission. Armoiries Octogone ½ neug. Vermillon.	Même type Ovale 1 neug. Rose.

2 Neuf. Bleu.	3 Neuf. Bistre.	5 Neuf. Violet.		

Serbie (Principauté de) 1.100.000 hab^ts.
(Ville principale Belgrade)

1ère Émissions Armoiries rectang. 1 para. Brun Clair sur Rose.	1 para Vert Clair sur Rose	1 para Vert foncé sur Rose	2 para Bistre sur Lilas.	2 para Brun rouge sur Lilas.

Tête rectang. 1 para Vert	2 p. Brun	10 p. Jaune	20 p. Rose	40 p. Bleu

Suède et Norwège (Royaume de) 4.000.000 hab.ts

Stockolm (Suède) Christiana (Norwège).

Suède. 1ère Émission. Armoiries 3 Skilling. Vert	4 SK. Bleu	6 SK. Gris	8 SK. Jaune	24 SK. Vermillon

2ème Emission même type. 5. öre Vert	9 öre Lilas	12 öre Bleu	24 öre Jaune	30 öre Brun
50. öre Rouge Carmin	Stockolm. Frimärke for lokalbref. Oblong. Noir	Brun	Lion 3 öre Brun	
Norwège. 1ère Emission Armes 4 SK. Bleu	2ème Emission Tête. 2. SK. Jaune.	3. SK. Lilas	4 SK. Bleu.	8. SK. Rouge.

3ème Emission Armes rectang. Valeur d'un seul côté 2 SK. Jaune.	3 SK. Lilas	4 SK. Bleu.	8 SK. Rose.	24 SK. Bistre.
4ème Emission Même type Valeur 2 fois répétée. 2 SK. Jaune	3 SK. Lilas	4 SK. Bleu	8 SK. Rose	24 SK. Bistre.
Trondjheim. Petit Timbre Oblong. Brun.	Bergen.	Norwège 4ème Emission 1 SK. Noir.		

85.

Suisse (République) 2.500.000 hab.ⁿ (Ville principale Berne) Administration Cantonale.				
Canton de Bâle Colombe Bleu et Rouge 2½ Rappen	Canton de Genève Armoiries Noir sur Vert Grand type 5. Cent.	Vert sur blanc Grand type 5 Cent	Noir sur Vert Petit type 5 Cent	Enveloppes Vert sur blanc Grand type 5. Cent.
Canton de Neuphâtel Armoiries (Croix blanche) sur rouge. 5 Cent noir et rouge	Canton de Vaud Armoiries Croix Blanche sur rouge. Oblong. 4 cent. Noir et Rouge.	5 cent. Noir et Rouge	Canton de Zurich. Grand Chiffre 4 Cent. Noir.	6 Cent. Noir.

Winterthur Croix blanche sur fond rouge. 2½ rp. Noir et Rouge				

Suisse.

Administration Fédérale.

Orts Post Croix blanche sur fond rouge. 2½ rp. Noir	Poste locale 2½ cen. noir.	Rayon I. 5 rp. Noir et rouge sur bleu.	Rayon I. 5 rp. Bleu et rouge sur blanc	Rayon II. 10 rp. Noir et rouge sur Jaune.

Rayon III. 15 rp. Rose sur blanc.	Rayon III. 15 cent. Rose sur blanc	2ème Emission Déesse en relief. ? Happau gris	5. rp. Brun.	10 rp. Bleu.
15 rp. Rose	20 rp. Orangé.	40 rp. Vert	1 franc. Gris perle	3ème Emission. Déesse en relief en haut Helvéria. 2 rp. Gris.
3 rp. Noir	5 rp. Brun	10 rp. Bleu	20 rp. Jaune	30 rp. Rouge.

			4ème Emission Même type 10 c. Rose	
40 cp. Vert	60 c. Bronze	1 fr Doré		30 c. Bleu
20 c.	Enveloppes Colombe messagère Ovale 5 c Brun.	10 c. Rouge	30 c. Bleu.	

Toscane (Grand Duché de).
(Ville principale Florence)
Actuellement province Italienne.

Grand Ducal. Lion rectang. 1. Quatrino Noir.	1. Soldo. Noir	2. Soldi. Brique	1 Cruzia Rouge	2. cr. Bleu.
4. Cr. Vert	6 cr. Bleu foncé	9 cr. Violet	60. Cr. Brun. rouge	Bollo Strao dinario rond 2. Soldi Noir.

Gouv.ᵗ Provisoires. Croix de Savoie rectang. 1 cen. Violet	5. Cen. Vert	10 c. Brun	20 c. Bleu	40 c. Rouge.
80 c. Rouge passé	3 Lire Jaune.			

Turquie (Empire de) 18.000.000 hab.^ts

Ville principale Constantinople.

1re Émission Croissant Sur papier de couleur très mince. 20 paras. Jaune	1 piastre Violet	2 p. Bleu	5 p. Rouge	Mêmes Timbres papier très fort 20 paras. Jaune.
1 piastre Violet	Chiffres Taxe même type papier très mince 20 paras. Brun.	1 piastre Brun	2 p. Brun rouge	5 p. Brun.

2ème Emission Croissant en Ornements en Couleurs. Inscriptions en noir 10 paras. Vert	20 p. Jaune	1 piastre Lilas	2 p. Bleu	5 p. Rouge.
25 p. Orange	Chiffres taxe même type 20 paras Brun	1 piastre Brun	2. p. Brun	5 p. Brun.
25 p. Brun.				

Wurtemberg (Royaume de) 170.000 hab^{ts}

(Ville principale Stuttgard.)

1er Émission Grand Chiffre Carré 1 Kr. Chamois	3 Kr. Jaune	6 Kr. Vert	9 Kr. Rose	18 Kr. Violet
2ème Émission Armoiries 1 Kr. Bistre	3 Kr. Orange	6 Kr. Vert	9 Kr. Rose	18 Kr. Bleu

94.

3ème Emission même type 1 Kr. Vert.	3 Kr. Rose	6 Kr. Bleu	9 Kr. Brun	18 Kr. Orange.
Enveloppes Grands Chiffres Octogones 1 Kr. Vert.	3. Kr. Rose	6. Kr. Bleu.	9 Kr. Bistre	Enveloppes pour Mandas même type 4 Kr. Orange.
7 Kr. Vert	12. Kr.	Timbre de retour Armoiries Sans nom de Ville Noir	Avec nom de Ville Noir	

Romagnes (Gouv.r Provisoire de)
(Ville principale Bologne.)
Actuellement province Italienne.

Grand Chiffre. rect. papier de Couleur ½ bajoque Jaune	1 baj. Gris	2 baj. Chamois	3 baj. Vert foncé	4 baj. Brun rouge
5 baj. Violet	6 baj. Vert Jaune	8 baj. Rose !	20 baj. Bleu Clair.	

96.

98.

Asie.

Cachemire ou de Lahore (Royaume de)

8.000.000 habitᵗˢ

(Ville principale Lahore) 70.000 habᵗˢ

Caractères Orientaux. rect. pap. blanc. ½ a Noir	1.a Noir	Orange	Bleu Clair	Brun
Même genre rond Noir	Bleu Clair	Vert	Rouge	

Ceylan (Colonie Anglaise) 2.000.000 hab.ts

(Ville principale Colomb.)

Tête de Victoria. rectangulaire. ½ penny Lilas	Rectang. 1 p. Bleu	rectang 2 p. Vert	rectang 2 p. Jaune brun	rectang. 3 p. Rose
Octogone 4 p. Rouge	Rectang 5 p. Brun Rouge	rectang. 5 p. Vert	rectang 6 p. Brun	Octogone 8 p. Brun

Octog. 9 penny. Brun	rectang. 10 p. Vermillon.	rectang 1 Sch. Violet	Octog. 1 sh. 9p. Vert	Octog. 2 Sch. Bleu.
Enveloppen Tête de Victoria en relief. Ovale 1 penny. Bleu	Ovale 2 p. Vert	Ovale. 4 p. Rose	Ovale. 5 p. Brun	Rond 6 p. Brun rouge.
Octogone 8 p. Brun	rectang. 9 p. Brun.	Rond 1 Sch. Jaune	rect. 1 sh. 9 p. Vert	rectang. 2 Sch. Bleu.

Hong-Kong (Chine) Colonie Anglaise 100.000 hab^ts
(Ville principale Victoria.)

Tête de Victoria rectang. 2 cents. brun.	4 c. Gris	6 c. Lilas	8 c. Jaune	12 c. Bleu
18 c. Violet	24 c. Vert	30 c. Vermillon	48 c. Rose	96 c. Bistre

Indes Orientales (Colonie Anglaise) 140.000.000 hab^{ts}

Ville principale Calcutta, 500.000 habit^{s}.

1ère Émission Tête de Victoria rect. ½ anna Bleu	1 a. Rouge	2 a. Bern	Octogone 4 a. Rouge et Bleu	2ème Émission Tête de Victoria papier glacé rect. ½ a. Bleu.
1. a. Brun.	2. a. Rose	2 a. Jaunâtre	4 a. Noir.	4 a. Bern.

4 a. Vert. Octog.	6 a. Spies Gris	8 a. - Rose.	8 pies Lilas. Octog.	Grand timbre Valeur frappée à la main 6 a. Violet.
Même type Valeur surchargée par un timbre à main 2 cent. Brun valeur en rouge.	3 cent. Brun valeur en bleu	4 cent. Brun valeur en noir	6 cent. Orange Valeur en Violet	8 cent. Orange Valeur en Vert.
12 cent. Vert Valeur en rouge	24 cent. Rose Valeur en Bleu	32 centis Orange Valeur en noir	Enveloppes Tête de Victoria en relief. sont 1/2 anna Bleu.	1 a. Brun.

107.

Shanghaï.

1ère Émission. Grande Timbres en typographie. dragon au Centre 1. Candareen Bleu	2 Candareen Noix	3 Candareen Brique	4 Candareen Jaune Ocre.	6 Candareens Brun rouge.
8 Candareens Vert	12. Candareens Brun.	16 Candareens Vermillon.		

2ème Emission Timbres plus petits Lithographies dentelées. 2. Cen. Rose.	4 Cen. Lilas.	8 Cen. Bleu	16 Cen. Vert	3ème. Emission même genre de timbres. 1 Candareen Brun.
3 Candareens Orange.	6 Candareens Gris-Noir	12 Candareens Gris-Vert.		.

8.

108.

109.

Afrique.

Cap de Bonne Espérance (Colonie Anglaise).

Ville principale. Capetown.

Déesse assise
Lithographié

1. penny Rouge.

4 pence Bleu.

Même type
gravé

1 penny. rouge.

4 p. Bleu

6 p. Violet

1 sch. Vert.

2ème Emission. Déesse assise rect. 1 p. Rouge.	4 p. Bleu.	6 p. Lilas.	1 sh. Vert.	
Egypte (Royaume d') 4.000.000 habitants. Suzerain de la Turquie. Ville principale Le Caire en Turc El Mashr.				
1ère Emission. Dessin Oriental. rect. Eppreuv. Pose gris.	10 p. Brun.	20 p. Bleu Clair.	1 piastre. Lilas.	2 piastres Jaune.

5 piastres Rose.	10 p Bleu foncé	2ème Emission Obélisque, Sphinx &c Oblong. 5 paras. Jaune.	10 paras. Lilas.	20 paras. Vert.
1 piastre Rouge.	2 p. Bleu	5 p. Brun.		
Canal de Suez oblong. un bateau à vapeur 1 cent. noir.	5 c. vert	20 c. bleu	40 c. rose.	

Natal (Colonie Anglaise).

Ville principale Pietermaritzburg.

1ère Emission nom Couronne papier Gaufré 1 penny. Jaune	1 p. Rose	1 p. Bleu	3 p. Rose	6 p. Vert
9 p. Bleu	1 sh. Chamois.	2ème Emission Tête de Victoria rect. 1 p. Rouge.	3 p. Bleu	6 p. Lilas.

1 sch. Vert.				

Libéria (République de)			Sierra Leone (Colonie Anglaise)	
Ville principale Montrovia. 8000 habitants.			Ville principale Freetown.	

Libéria Décès assise rect. 6 cts. Rouge	12 cts. Bleu	24 cts. Vert	Sierra Leone Tête de Victoria rect. 6 p. Violet	

Maurice (Ile) (Colonie Anglaise) 310.000 hab.ts

Ville principale Port-Louis.

1ère Emission Tête de Victoria timbre mal gravé rect. 1 p. Rouge.	2 p. Bleu	2ème Emission Tête de Victoria timbre bien gravé entourage gente gcc. rect. 1 p. rouge.	2 p. Bleu	3ème Emission Déesse Valeur non indiquée rect. Vermillon.
Vermillon pap. Bleu	Bleu	Vert	Violet	4ème Emission même type Valeur indiquée 6 p. Bleu.

117.

6 p. Brun.	1 sh. Vermillon	1 sh. Vert	5ème Emission Tête de Victoria rect. 1 p. Brun	2 p. Bleu.
3 p. Vermillon	4 p. Rose	6 p. Violet	6 p. Vert.	9 p. Violet
1 sh. Jaune	1 sh. Vert	2 sh.	5 sh. violet	

Enveloppes. Tête de Victoria en relief rond 6 p. Violet.	Timbre en forme Ecusson 9 p. Brun	Timbre Ovale 1 Sh. Jaune.		

Ste Hélène (Île)(Colonie Anglaise)

5.000 habit^ts.

Tête de Victoria rect. 6 p. Bleu	Valeur en noir 1 p. Rouge	" 4 p. rose	" 1 Sh. Vert	" 2 p. Jaune.

3 p. Violet	5 sh. Orangé.			

Etat libre de l'Orange

Rectangulaire un oranger en 3 cornets de poste 1 penny brun rouge	6 pence rose	1 shill terne ocre		

République du Transivaal .		Sénégambie		
,	"	4 p.	6 p	
"	"			

Amérique.

Argentine (République) 4.000.000 hab^{ts}

Ville principale Buenos-Ayres (200.000 hab^{ts}).

1ère Émission Armes Soleil à l'Horizon nom Conf. Argentina 5 Centavos. Rouge.	10 cent. Vert	15 Cent. Bleu	2ème Émission Soleil Republ. nom Argentina 5 cent. Rouge.	10 cent. Vert.
15 cent. Bleu.	3ème Émission Portrait de B. Rivadavia. 5 c. Rouge.	10 C. Vert	15 c. Bleu.	4ème Émission Portraits divers 5 cent. Rouge.

124.

10 c. Vert	15 cent. Bleu	Corrientes Tête de la Liberté très mauvaise gravure Valeur non indiquée Bleu	Vert.	1 réal Bleu

Antigua (Colonie Anglaise).

Tête de Victoria rect. 1 p. Rose.	1 p. Rouge.	6 p. Vert.		

Bahamas (Colonie Anglaise)

Ville principale Nassau.

Tête de Victoria 1 p. rouge.	1 p. Carmin	4 p. Rose.	6 p. Gris	6 p. Violet
6 p. Violet foncé	1 Sh. Vert.			

126.

Barbade (de) Colonie Anglaise

Ville principale Bridgetown

Déesse assise Valeur non indiquée papier bleuté Vert.-foncé	Bleu	Brique	Même type papier blanc Noir	Bleu
Brique	Même type Valeur indiqué 6 p. Rouge	1. Sh. Noir		

Bermudes Colonie Anglaise.			Bolivar. (Rép. de.)	
Tête de Victoria 1 p. Rose.	2 p. Bleu.		Armoiries très petit timbre 10 cts. Rouge.	10 c. Vert.
1 p. Lilas	1 sh. Vert.		1 peso. Rouge.	

Bolivie (République de) 2.000.000 habit^{ts}

Ville principale La Paz.

Aigle 5 c. Vert	5 c. Lilas	10 c. Brun	50 c. Jaune	50. c. Bleu
100 c.	2ème Emission (Montagnes et Bonnet phrygien). 5 c.	10 c.	50. c.	100 c.

Brésil (Empire du) 5.000.000 habit.ⁿˢ

Ville principale Rio de Janeiro.

1ᵉʳ Emission Grands Chiffres Ornés 30 reis . Noir.	60. reis Noir	90 reis . Noir.		
2ᵉᵐᵉ Emission. Chiffres penchés 10 reis . Noir.	20 reis . Noir	30. reis . Noir	60. reis . Noir	90 reis Noir

130.

180. reis Noir.	300 reis Noir.	600 reis Noir	3ème Emission Chiffres droits 10 reis Noir.	10. Reis Bleu.
20. reis. noir	30 reis Noir.	30. reis Bleu	60. Reis. Noir.	90 reis. Noir.
180. reis. Noir	280 reis. Rouge	300 reis. Noir	430 reis. Jaune	600 reis. Noir.

4ème Emission. Portrait de Pedro II. 10. reis. Rouge	20 reis. Violet	50 reis. Bleu	80 reis. Violet foncé	100 reis. Vert.
200 reis Noir	500 reis Orange	Enveloppes rondes Tête de Pedro. 100 reis. Vert.	200 reis Noir	300 reis Vermillon.

Buenos Ayres (Etat Républicain de)

actuellement réuni à la République Argentine.

1ère Emission Bateau à Vapeur 1 peso. Bleu.	1.p. Brun	2.p. Bleu	3.p. Vert	4.p. Rouge.
5 p. Jaune.	4 réals. Brun	5 p. Bleu.	2me Emission. Cavalier. Courant	

		3ème Emission. Tête de la Liberté. Oblong. 1 peso. Bleu.	2. p. Rouge	4 reals. Vert.
1 peso. Carmin	2. p. Bleu.			

Canada ..(Colonie Anglaise)
Ville principale   Québec .

1ère. Emission Tête de Victoria	Oblong Castor	rect. Tête du Prince Albert	rect. Tête de Victoria	rect. Tête de J. Cartier
1/2 penny. Rose .	3 p. Rouge	6 p. Brun .	6 p. dt. Vert	10 p. Bleu .
2ème Emission mêmes types Valeur en Cents 1. Cent. Rose	5. Cent. Rouge .	10. cts. Violet	12 1/2 cts. Vert .	17. cts. Bleu.

Tête de Victoria rect. 2 cts. Rouge.	Enveloppes Tête de Victoria Ovale 5 cts. Rouge.	10 cts. Brun.	3ème Emission ½ c. Noir.	1 c. Brun rouge
1 c. Jaune	2 c. Vert	3 c. Vermillon	6 c. Brun	12 ½ c. Bleu
15 c. Violet.				

Chili (République du) 2.000.000 hab.ᵗˢ
Ville principale Santiago de Chili.

1ᵉʳᵉ Emission Tête de Colomb 1 Centavo Jaune	5 c. Rouge sur bleuté	5 c. Rouge sur blanc	10 c. Bleu	20 c. Vert
2ᵉ Emission même effigie timbres dentelés 1 c. Jaune Orange.	2 c. Noir	5 c. Rouge	10 c. Bleu	20 c. Vert

Colombie et Vancouver. Ile de Vancouver et Colombie Britannique.			Costa Rica (Rép. de) 200.000 habitᵗˢ Ville principale San Jose.	
Colombie et Vancouver Tête de Victoria 2 ½ pence. Rose.	Colombie Grande lettre V. 3. p. Bleu.	2. Cents. Gris (Valeur en noir).	Armoiries (Montagnes et Vaisseaux) ½ réal. Bleu.	2. R. Rouge.
Vancouver. Tête de Victoria 5 cts. rouge.	10 cts. Bleu.		4 réal. Vert	1 peso. Orange.

Cuba et Porto-Rico (Colonies Espagnoles)

Ville principale La Havane.

1ère Émission Tête d'Isabelle papier bleuté, bouclé ½ Réal, plata, Vert bleu.	1 r. Vert	2 r. Carmin	2 r. y ¼ Carmin	2ème Émission même type papier vergé, losangé ½ réal, plata Vert
1 r. Vert	2 r. Rouge pale	3 r. y ¼ rouge pâle	3ème Émission même type papier uni ½ réal, plata Bleu.	1 r. Vert.

2. r. Rouge	2 r y ¼ rouge	4ème Emission Tête d'Isabelle date 1864. 1/4 r. pl. Noir.	½ r. Vert	½ r. Vert sur Rouge
1 r. Bleu.	2. r. Vermillon.	Timbre provisoire sans date 1 r. pl. Noir sur blanc.	1 r. pl. Noir sur Chamois.	5ème Emission même type Date 1866. 5 Centésimos. Lilas.
10 c. Bleu	20 c. Vert	40 c. Rose	6ème Emission même type Date. 1867 1 Cent. Lilas.	10 c. Bleu.

		1869.		
20 c. Vert	40 c. Rose	5 c. Rose.	10 c. Brun	20 c. Orange.
40 c. Violet.	Equateur (Républ. de l') 1.000.000 habitants. Ville principale Quito.			
Armoiries Soleil et Vaisseau rect. ½ Réal. Bleu	1 r. Vert	1 r. Jaune	2 r. Vert sur bleuté	4 r. Rouge.

Dominicaine (République).
Ville principale Santo Domingo.

Armes Valeur en lettres penchées. ½ real. Rose.	1 réal. Noir	Même type Lettres droites ½ réal. Vert	1 réal. Jaune.	1 réal. Brun
Armes Grand timbre. 1 réal. Vert d'Eau	½ Réal. Rose.	1. Réal. Violacé	½ réal. Gris	1 réal. Rose foncé.

Etats confédérés (Anciens).

Ville principale Richmond.

actuellement réunis aux Etats Unis de l'Amérique du Nord.

1ère Emission Effigies diverses 1 Cent. Jaune.	2 cts. Vert.	2 cts. Rouge	5 cts. Bleu	5 cts. Vert.
5 cts. Bleu (petit)	10 cts. Rose	10 cts. Bleu.	10 cts. Bleu (petit)	20 cts. Vert.

Etats Unis de l'Amérique du Nord (Répub. des) 32.000.000 habitants.

Ville principale New-York.

1ère Emission Aigle Oblong. 1 Cent. Bleu.	Courrier Oblong 1 C. Noir	Courrier Oblong. 1 C. Rouge.	Tête rect. 5 c. Brun.	10 c. Noir.
New-York. Grand timbre Tête 5 cts. Noir.	2ème Emission Effigies diverses Valeur en bas en lettres 1 c. Bleu.	3 cts. Rouge	5 cts. Brun. rouge	10 cts. Vert.

144.

12 cts. Noir	24 cts. Violet	90 cts. Bleu	3ème Emission Effigies diverses Valeur en haut en Chiffres. 1 Cent. Bleu	2 cts. Noir.
3 cts. Rouge	5 cts. Brun	10 cts. Vert	12 cts. Noir	15 cts. Noir.
24 cts. Violet	30 cts. Jaune	90 cts. Bleu Clair	2ème Emission 30 cts. Orange	5 cts. Brun Noir.

États . Unis . 4ᵐᵉ Emission 1869 rond Portrait de Franklin 1 cent . Brun rouge .	Carré un Cavalier au galop 2 cts . Brun foncé	Carré une Locomotive 3 cts . Bleu Clair	Carré portrait de Franklin 6 cts . Bleu Clair	Carré Aigle et Ecusson 10 cts . Orange .
Carré Navire à vapeur 12 cts . Vert	Carré (Tableau : Colomb prenant possession de l'Amérique) 15 cts . Brun et Bleu	Carré (Tableau : Signature d'un traité de reconnaissance des Etats - Unis) 24 cts . Vert et Violet	Carré Aigle et Ecusson 30 cts . Bleu et Rose .	Carré Portrait d'Abr. Lincoln . 90 cts . Noir et Rose .

Enveloppes Grand Ovale. Tête en relief 3 cts. Rouge.	6 cts. Vert	6 cts. Rouge	10 cts. Vert	Petit Ovale. Tête en relief 1 cent. Bleu.
3 cts. Rouge	6 cts. Rouge	10 cts. Vert	Ovale moyen en hauteur Tête en relief 3 cts. Rose.	6 cts. Rose.
6 cts. Violet	Ovale en largeur 10 cts. Vert	12 cts. Rouge et Brun	20 cts. Rouge et Bleu	24 cts. Rouge et Vert

147.

40 cts. Noir et Rouge	Rond 9 c. Jaune	18 cts. Rouge	30 cts. Vert	Ovale 2 cts. Noir.

Grenade (Ile de)   Guatemala (Répub. de) 800.000 hab.ts

Ville principale Guatemala.

Tête de Victoria 6 penny. Vert	6 penny. Rouge.			

148.

Guyane. Anglaise (Colonie Anglaise).

Ville principale Demerari.

1ère Émission Chiffres dans un rond 4 cts. Jaune.	8 cts. Rouge.	12 cts. Bleu	2ème Émission Vaisseau Oblong en largeur 4 cts. Bleu	4 cts. Rouge.
3ème Émission Vaisseau Oblong en hauteur 1 cen. Rouge.	4 cts. Bleu.	4ème Émission Vaisseau Date 1853. 1 cen. Rouge	4 cen. Bleu	5ème Émission Vaisseau date 1860. 1 cen. Rose.

8 cen. Brun Rouge	1 Cen Brun foncé	2 Cen. Noir.	2 cts. Orange.	4 cts. Bleu
8 cts. Rose	12 cts. Violet	24 cts. Vert	6ème Emission Vaisseau Date 1863. 6 cts. Bleu	24 cts. Vert.
48 cts. Rouge	Timbres de Journaux Encadrement Typographique. paraphe au milieu 1 Cen. Rose.	2. Cts. Jaune	4 cts. Bleu.	

Iles Turques et Iles Vierges.

(Compagnie Anglaise).

Iles Vierges Déesse debout rect. 1 penny. Vert.	4 penny. rouge brun	6 p. Rose	1 Sh. Rouge et Noir.	
Iles Turques Tête de Victoria 1 penny. Rouge	6 p. Gris	1 Sh. Violet.		

Jamaïque			Honduras Britannique.	
Ville principale Kingstown.				
Tête de Victoria 1 penny. Bleu.	2 p. Rose.	3 p. Vert.	Tête de Victoria 1 penny. Bleu	6 p. Rose.
4 p. Vermillon.	6 p. Violet.	1 Sh. Vert.	1 Sh. Vert.	

Mexique (Républ. du) 7.000.000 habit.ⁿˢ
Ville principale Mexico.

République 1ère Emission Tête du Curé Hidalgo. papier blanc 1 réal, Bleu.	1. r. Jaune	2. r. Vert	4. r. Rouge	8 r. Violet
2ème Emission même type papier de Couleur ½ réal. Chamois.	1 r. Vert	1. r. Rose Violet	4. r. Jaune	8. r. Brun.

Même type Couleur sur papier de Couleur 1 r. Rouge sur Jaune	8 r. Vert sur Brun	Empire 1ère Emission Vautour tenant un serpent papier blanc ½ réal. Violet	1 r. Bleu	2 r. Jaune Orange
4 r. Vert	8 r. Rouge.	3 centavos. Brun	2ème Emission Effigie de Maximilien Lithographie! 7. Centavos Gris.	13 c. Bleu.
25. c. Orange.	50 c. Vert.	3ème Emission Même type Grav. en taille douce 7 cem. Violet	13 c. Bleu.	25 c. Orange.

154.

50 c. Vert	République (1867) 2. réal.	4 réal.	(1867) 1/2 réal.	(1868) Portraits 5. Cent. Brun.
12 c. Lilas	25 c. Rose.	50 c. Jaune.	100 c. Brun Clair.	
Guadalajara. ronde 1/2. réal.	1. réal	4 réal	1 peso.	

155.

	Montévideo (République Or.^{le} de l' Urnguay ou) 300.000 hab.^{ts} Ville principale Montévideo.			
1re Emission Montevideo Soleil Carré 120 centésimus Bleu	180 c. Vert.	240 c. Rouge	Soleil rec Diligencia 60 centavos Bleu	80 c. Vert

1. réal. Rouge.	2ème Emission Montevideo Soleil Oblong. 6 centésimos Violet	80. c. Jaune	100 c. Rose	120 c Bleu.
180. c. Vert	240 c. Rouge	3ème Emission Republica Oriental Armoiries 6 Centésimos Rouge.	8 c. Vert	10 c. Jaune.
12 cent. Bleu.	4ème Emission Grands Chiffres rectang. 1 C. Noir.	5. c. Bleu.	10 c. Vert	15 c. Jaune.

158.

20 c. Rose.	Enveloppe Ovale Chiffre en relief. 5 c. Bleu.	10 c. Vert.		

Île de Névis (Colonie Anglaise)

1ère Émission. Femme en soutenant une autre rect. 1 p. Carmin.	4 p. Rose	6 p. Lilas	1 sh. Vert	2ème Émission même type 1 p. Vermillon.

4 .p. Vermillon	6 p.	1 Sh. Vert Vif.		

Nicaragua (République de) 350.000 hab^{ts}

Ville principale Managua.

Montagnes surmontées d'un bonnet de la Liberté. Oblong 2 Cent. Bleu.	5 Cent. Noir.			

Nouveau Brunswick. (Colonie Anglaise).

250.000 habit?
Ville principale St John's.

1ère Emission. Losange. Fleurs 3 pence Rouge Brique	6 p. Jaune.	1 Sh. Violet	2ème Emission Types Variés 1 Cent. Brun Locomotive.	2 cts. Jaune Victoria.
5 cts. Vert Victoria.	10 cts. Orange Victoria.	12 ½ Cent. Bleu Bateau à Vapeur.	17 cts. Noir. Prince de Galles.	

Nouvelle Ecosse (Colonie Anglaise) 331.000 hab.ts

Ville principale Halefax.

1ère Emission Losange Fleura 3 pence Bleu.	6 p. Vert	1. sk. Violet	Même type Portrait au milieu Carré 1 penny Rouge brun	2ème Emission Tête de Victoria rect. 1. cent Noir.
2 cts. Violet	5 cts. Bleu	8 ½ cts. Vert	10 cts. Vermillon	12 ½ cts. Noir.

Nouvelle Grenade, ou Etats-Unis de Colombie (République)

Ville principale Bogota.

1re Emission Armoiries, nom Confédération Grenade. Valeur en petits Chiffres. 2½ Cent. Vert.	5 Cent. Bleu	10 c. Brun.	10 c. Bleu.	20 c. Bleu
1 peso. Rose.	2ème Emission. Même type Valeur en Gros Chiffres 5 cent. Brun.	10 Cent. Jaune	20 cent. Bleu.	1 peso. Violet

3ème Emission Mêmes Armoiries Très grands timbres noms Estados Unidos de Nueva Granada 2½ Cent. Noir.	5 Cent. Jaune.	10 c. Bleu.	20 c. Rouge.	1 peso. Rose.
4ème Emission nom. E. R. de Colombia Armoiries dans un cercle perlé 15 cent. Jaune.	10 Cent. Bleu	20 cent. Rouge.	50 Cent. Vert.	1 peso. Lilas.
5ème Emission Même nom. Armoiries entourées de branches de chêne. 5 cent. Jaune.	10 Cent. Bleu	20 Cent. Rouge	50 Cent. Vert	1 peso. Rose.

6ème Emission. Armoiries surmontées d'un aigle. Même nom. 5 cent. Jaune.	10. Cent. Lilas.	20 Cent. Bleu.	50 cent. Vert.	1 peso. Rouge.
7ème Emission. Armoiries. Chaque timbre d'une forme différente. 1. Cent. Rose.	5 Cent. Jaune.	10 Cent. Bleu	20. Cent. Rouge.	50 Cent. Vert.
1 peso. Rouge.	Timbres pour lettres chargées. lettre. A. 5 cent. Noir sur blanc.	lettre. R. 5 cent. Noir sur blanc.	Sabre porte Armoiries 25 cent. Noir sur Bleu.	50 cent. Noir sur Jaune.

1 peso. Noir ou Violet	Triangle 2 ½ Cen. Noir sur Lilas Armoiries.	5 pesos.	10 pesos.	

Océan Pacifique (Comp.ie de Navigation à vapeur de l')
pour les côtes du Pérou et du Chili.

Lettres P.S.N.C. Oblong Bateau à Vapeur au Centre. ½ oz. 1 réal. Vert.	½ oz. 1 réal. Rouge.	½ oz. 1 réal. Jaune.	½ oz. 1 réal. Bleu.	1 oz. 2 réal. Jaune.

1 oz. 2 réals. Brun	1 oz. 2 réals Rouge	1 oz. 2 réals. Vert	1 oz. 2 réals Bleu	

Pérou (République du) 2.700.000 habit^{ts}

Ville principale Lima.

1ère Emission. Carré. Armoiries. Le fond des inscriptions Couleur 1 dinero. Bleu	1 peseta. Rouge.	1 peso Jaune	2ème Emission même type. Le fond des inscriptions blanc. 1 dinero. Bleu	1 peseta rouge.

3ème Emission. Armes en relief. 1 dinero. Rouge.	1 peseta. Brun	4ème Emission Armoiries. Lamab. 5 cem. Vert.	10 cem. Rouge.	20 cem. Brun.

Prince Edouard (Ile du) 80.000 hab.ts

Ville principale Charlotte town.

Tête de Victoria reci 1 penny Orange	2 p. Rose	3 p. Bleu	4 p. Noir	6 p. Vert
9 p. Lilas				

St. Thomas et Ste Croix (Iles de) Colonies danoises.

(l'Ile St Thomas vient d'être cédée aux Etats-Unis, moyennant 7.500.000 dollars environ 38.000.000 de francs).

Carré Armririeñ Couronne. 3 cts. Brun.	3 cts. Rouge.	St Thomas La Guayra Porto Cabello Vapseau 1/2 réal. Rouge	1/2 réal. Bleu	2 réals Vert.
2 réals. Orange	Mêmes Inscriptions Petits timbres imprimés en noir sur couleur 1/2. Cent. Noir.	1 cent. rouge	2. Cent. Vert	3 Cent. Jaune

170.

4 cent. Bleu.	1869 St thomas Porto Rico g.º timbre curre ¼ cent.	½ cent.	1 cent	2 cent.

Salvador (République du) Ville principale San Salvador.		Paraguay (Républ. du) 1.500.000 habᵗˢ Ville principale l'Assomption.		
Armoiries Volcan Oblong ½ réal. Bleu	1 réal. Rouge			
4 réales Vert	4 réales. Brun.			

Sainte Lucie (Ile) Colonie Anglaise.

1ère Emission Tête de Victoria (1 p) Rouge	(4 p.) Bleu foncé	(6 p.) Vert foncé	2ème Emission Même type (1 p) Carminé	(1 p) Noir.
(4 p.) Bleu ardoise	(4 p.) Jaune	(6 p.) Vert clair	(6 p.) Violet	(1 sh.) Orange.

Saint - Vincent (Ile) Colonie Anglaise.				
Tête de Victoria rect. 1 p. Rouge	4 p. Bleu	6 p. Violet	1 Sh. Noir Violet.	

Terre-Neuve (Colonie Anglaise)

Ville principale St John's.

1ère Emission Fleurs Carré 1 p. Brun.	Carré 5 p. Brun	Rectang. 2 p. Vermillon	Triangulaire 3 pence Vert	Rect. 4 p. Vermillon
6 p. Vermillon.	6½ p. Vermillon	8 p. Vermillon	1 Sh. Vermillon	2ème Emission même type La Couleur seule changée 2 p. Rose foncé.

175.

4 p. Rose foncé	6 p. Rose foncé	6 ½ p. Rose foncé	8 p. Rose foncé	1 Sh. Rose foncé.
3ème Emission Types divers Oblong Morne 2 cts. Vert.	Oblong Phoque 5 cts. Brun	Rectang. Prince de Galles 10 cts. Noir.	Ovale Victoria 12 cts. Brun Rouge.	Oblong. Vaisseau 13 cts. Jaune.
Rectang. Victoria 24 cts. Vert.	Oblong Phoque 5 cts. Noir.			

Trinité (Île de la) Colonie Anglaise.
Ville principale Port of Spain.

1ère Emission Déesse Type mal gravé Gris . Bleu .	Déesse même type figure presque invisible Gris . Bleu .	Bleu	Vermillon .	
2ème Emission même type bien Gravé papier bleuté Rouge	Bleu	Brun .	3ème Emission même type papier blanc Rouge	Bleu

Brun	4ème Emission même type Valeur indiquée 4 p. Lilas.	6 p. Vert foncé	1 Sh. Noir.	4 p. Violet Vif.
6 p. Vert Vif	1 Sh. Noir bleu	1 Sh. Violet Vif.		

Vénézuéla (République de) 1.100.000 hab^ts.

Ville principale Caracas.

1ère Émission Armoiries Petits timbres rectang. 1/2 real. Jaune.	1 real. Bleu.	2 réales Brun et Rouge.	Timbres pour Imprimés Armoiries rect. 1/4 Cent. Vert.	1/2 Cent. Noir.
1 Cent. Brun	2ème Émission Armoiries rect. 1/2 Cent. Chair.	1 Cent. Gris Vert.	1/2 real. Jaune.	1 real. Bleu.

2 réals. Vert	3ème Émission Armoiries Carré ½ Cent. Vert.	1 Cent. Bleu.	½ réal. Violet	1 réal. Rougeâtre
2 réal. Jaune.				

180.

Océanie.

Australie du Sud. Colonie Anglaise.

Ville principale Adelaïde.

Victoria Types variés 1 pence Vert	2 p. Rouge foncé	4 pence. Violet	6 pence. Violet	6 pence. Bleu.
9 p. Gris	10 p. Orange	10 p. Jaune.	1 shill. Jaune	1 sh. Orange.

1 Sh. Brun	2 Sh. Carmin	2 p. Orange.		

Australie occidentale (Colonie Anglaise).
Ville principale Perth.

1ère Emission Cygne Octogone, Oblong. 2 p. Bronze sur Rougeâtre	4 p. Bleu.	6 p. Bronze sur Gris .	Ovale 1 Sh. Brun	2ème Emission même type Oblong. 1 p. Noir.

2 p. Orange.	4 p. Rose:	4 p. Bleu.	6 p. Vert	3ème Emission 1 p. Carmin.
1 p. Rouge	2 p. Bleu	4 p. Orange	6 p. Violet	6 p. pensée.
1 sb. Vert	4ème Emission 1 p. Jaunâtre	2 p. Jaune	6 p. Violet Vif	1 sb. Vert Vif.

Hawaïen Archipel (Royaume:

Ville principale Honolulu (ou Hanarourou)

Grand chiffre. 1 Cent. Bleu.	1 Cent. Noir	2 cts. Bleu	3 Cts. Noir	5 cts. Noir
13 cts Bleu	Tête 2 Cts. Rouge.	5 cts. Bleu	13 cts. Vermillon	2 cts. Rouge vif (Tête dans un ovale).

Nouvelle Galles du Sud. (Colonie Anglaise).

Ville principale Sidney.

1ère Emission Vue de Sidney. 1 p. Rouge.	2 p. Bleu	3 p. Vert	2ème Emission Victoria Tête laurée papier bleuté 1 p. Rouge	2 p. Bleu.
3 p. Vert	6 p. Brun	8 p. Jaune	3ème Emission même type papier blanc 1 p. Vermillon	2 p. Bleu.

3 p. Vert	4ème Emission. Victoria. Tête diadémée 1 p. Rouge.	2 p. Bleu	3 p. Vert	5 p. Vert Grand timbre Carré
6 p. Gris Grand timbre Carré.	6 p. Violet Grand timbre Carré	8 p. Orange Grand timbre Carré	1 Sh. Rouge Grand timbre Carré	5 Sh. Violet Grand timbre Ovale
5ème Emission Victoria papier glacé 1 p. Vermillon	2 p. Bleu	4 p. Brun rouge	10 p. Violet	Victoria Ovale en relief pour bandes de Journaux 1 p. Vermillon

13. dernier.

Nouvelle Zélande Colonie Anglaise

Ville principale Hobart-Town.

1ère Emission Victoria papier bleuté 1 p. Vermillon	2 p. Bleu.	1 sh. Vert	2ème Emission même type papier blanc 1 p. Vermillon	2 p. Bleu
3 p. Brun Violet	4 p. Rose	4 p. Orange	6 p. Brun	1 sh. Vert.

Philippines (Îles) Colonie Espagnole.
(Île principale Luçon Chef-lieu Manille.)

1re Émission. Tête d'Isabelle. date 1854 y 55 5 cuarta. Orange.	10 q. Rouge.	1 réal f. Bleu.	1 r. Vert.	2ème Émission. Tête d'Isabelle. dans un cercle perlé 5 c. Rouge.
10 c. Rose	3ème Émission même type Timbres un peu plus petits. 5 c. Vermillon.	10 c. Rose.	1 réal. Violet.	1 r. Vert.

2 reales Bleu	4ème Emission Tête d'Isabelle 3 7/8 Cent. Noir sur Chamois.	6 2/8 Vert sur Rosé	12 4/8 Bleu sur Jaune	25 Cent. Vermillon sur Rose.

Queensland Colonie Anglaise.
Ville principale Brisbane.

Tête de Victoria 1 p. Rouge.	1 p. Vermillon.	2 p. Bleu	3 p. Brun	4 p. Violet.

6 p. Vert	1 sh. Brun gris	6 sh. Rose	Registered. Jaune.	

Van Deimen ou Tasmanie Colonie Anglaise.

Ville principale.

1ère Emission Victoria dans un Ovale rect. 1 p. Bleu.	Victoria Octogone 4 p. Orange	2ème Emission Victoria rect. 1 p. Rouge	2 p. Vert	4 p. Bleu.

Octogone. 6 p. Gris	Octogone. 1 sh. Vermillon			

Victoria Colonie Anglaise.

Ville principale Melbourne.

1ère Emission. Victoria en buste. 1 p. Vermillon.	2 p. Gris	3 p. Bleu	2ème Emission. Victoria sur un trône. 1 p. Vert.	2 p. Brun.

6 p. Bleu	3ième Émission Tête de Victoria dans un ovale 1 p. Vert	3 p. Bleu	6 p. Orange	6 p. Noir
1ère Émission Tête de Victoria dans un Cintre 6 p. Jaune	6 p. Noir	2 Sh. Vert sur blanc	2 Sh. Bleu sur Jaune	6 p. Ecolate Vert et Violet
1 Sh. Registered Rose et Bleu	5ième Émission Tête de Victoria attributé dans les Angles 1 p. Vert	2 p. Violet	4 p. Rose	6ième Émission Tête de Victoria Tête laurée 1 p. Vert

195.

2 p. Violet	4 p. Rose	8 p. Jaune	10 p. Gris Vert	10 p. Violet sur Rose
3 p. Violet				

Java et Sumatra (Iles de) Colonie Hollandaise).

Ville principale Batavia.

Tête de Guillaume III. 10 Cent . Rouge.				

197.

Table.

www.ingramcontent.com/pod-product-compliance
Lightning Source LLC
Chambersburg PA
CBHW071945090426
42740CB00011B/1835